JN409152

송세훈 시집

외계인

도서출판 진실한 사람들

| 시인의 말 |

아름다운 인생을 노래하고 싶어

오래 외국에서 살다 보니 한국말이 어눌해진 처지에 열정만 있다고 감히 시를 쓰려고 노력해 보는 저 자신이 부끄럽고 어리석다고 생각됩니다.

그래도 점점 약화되는 인간의 존엄성을 위해 남몰래 눈물도 흘리고 잠못 이루는 밤에 꿈에라도 아름다운 인생을 노래해 보고 싶었습니다.

고국이 잘 살게 되도록 소원하며 어떻게든 역사적 창조의식을 제 노래에 담고자 노력하겠습니다.

저의 서툰 첫 걸음을 인도해 주신 "문예비전"의 편집인들과 여러 시인님들께 심심한 감사를 드립니다.

앞으로도 여러 선배님들의 끊임없는 가르침과 지도 편달을 바라면서…

2019년 봄

송 세 훈

차 례

*1*부 꽃들의 축제

2부 달 속의 계수나무

3부 하루살이의 꿈

4부 평화가 오기를

5부 방랑자

6부 죽은 자는 말이 없다

1부

꽃들의 축제

꽃들의 축제

꽃들의 결혼식이 진행됩니다.
나비와 벌들의 주례사가 바쁘게
들러리에는 거북이와 토끼,
주례사엔 빠짐없이
“아들 딸 많이 낳고
검은 머리 파뿌리 되도록…”
그러나 한 해도 못 넘기고
계절로 모두들 시들어지네요.

얼음과 눈더미 무덤을 지나
죽었던 꽃들이 다시 돋아나
새 생명인가 아니면 영생인가
화려한 꽃들의 결혼식이 이어집니다.

봄에는 튤립의 잔치,
나비가 없어도
뿌리로 아들 딸 만들고
여름에는 장미들의 잔치,
가을에는 국화의 잔치

가엾은 인생 민초들에게
아름답고 황홀한 꿈을 선물하네요.

팔랑 팔랑 날아가 버리는 나비
붕붕 뜬 구름을 따라 꽃에서 꽃으로
분주히 맺어주는 꿀벌들
들러리도 없이 신접살림 차리는
꽃들의 결혼축제가 열립니다.
어김없이 아름다운 추억을 안고
내일의 꿈을 이루려고 잔치가 벌어집니다.

장미의 교향곡

봄이 지나 갑니다.
종달새도 날아갑니다.
뭉게구름이 둥실 둥실 떠돌아
붉은 장미들의 노랫소리가 들립니다.
햇빛이 강하게 쏟아지는 날에도
그늘에서 들립니다.

장미원에서 울려오는 노랫소리
푸른 하늘과 흰 구름, 검은 구름에 울려
햇빛과 함께 쏟아집니다.
멀리서 번개와 함께 천둥소리와
북소리가 웅장하게 퍼집니다.
소나기 삼형제 오고가며
빗물타고 전주곡 후주곡
검은 구름 지나가며 쏟아냅니다.

급류에 휩싸인 잡초들의 애틋한 반주가
민생들의 어려운 삶을 위로하듯
색색으로 피어나는 장미꽃들의 화음이
화려하게 푸른 하늘로 수를 놓으며
바다 끝까지 퍼져 갑니다.

휘어진 가시가지에 장미꽃들이 흐드러져
아마도 서글프고 힘든 인생들에게
아름다운 꿈이라도 이루라고
위로의 교향곡을 연주하고 있군요.

계절과 그리움

살구꽃 흐드러질 때
싱그러운 여인의 내음도
추억으로 남기고
떠나버린 여인을 가을처럼
기억합니다.

여름날 눈이 날리는 차가운 날씨를
그리워합니다.
첫눈 나릴 때
보슬보슬 정든 여인을 삼키며
눈물 쏟든 일 기억합니다.

단풍이 물들 때
파릇파릇 새싹을 추억에 담아
언젠가는 만나 보게 될
여인을 꿈꾸며
이별의 슬픔을 지워버립니다.

쌀쌀한 겨울 바람에도
여름의 싱그러운 따스함을
긴긴 밤 동안 추억으로 안고
정든 님 만나기만을
따뜻하게 가슴속에 묻으렵니다.

우양이 새김질하듯이 인생이
반추의 평생으로 세상을 돌아가 버립니다.

해바라기

너는 어이하여 뜨거운 태양을 그리는지?
태양을 사모하여 해바라기가 되었나?
희랍의 헬리오스(태양신)도
인간들이 마주 보다 눈이 멀었기에
대신 너를 바라보며 살아 왔나?

구름이 태양을 가리운 낮에도
너는 하늘을 쳐다보고 있지
그리움에, 그리움에 따라 움직이는 너의 운명
말 없는 태양이 구름을 헤치고 나올 때에도
침묵으로 반기는 해바라기
온갖 잡음과 우울, 피 눈물 나는 고통까지도
혼자 짊어진 듯 어엿이 버티었던 해바라기

여름날 초록이었던 잎과 줄기가
차가운 가을바람에 검게 찌들어 버리고
고개 숙여 땅만 바라보게 될 해바라기
이제는 사파세계도 원망 않고
숙명인양 차가워진 대기와 서리로
부끄러이 태양을 피하는 해바라기

명년에는 더 많은 새끼 해바라기를 위해
깜장 씨도 낳고, 품고 모아 터뜨려 보겠지
너는 한낮 희생의 제물로 살아 왔구나.

그녀의 볼우물

그녀의 향긋한 미소와 함께
어느 천사가 만들었을까?
살짜기 솜털이 뽀얀 양 볼에
우물이 생기네요.

엄마가 자장가를 불러 줄 때
하얀 옷을 입은 천사를 꿈에 만나
살짜기 손가락으로 볼에다
눌러준 자국인가 보죠?

양팔도 아니고 다리도 아니고
얼굴의 이마도 아니고 턱도 아닌
오뚝한 코 양옆에 귀 아래로
살짜기 찍어 귀여운 볼우물 생겼네요.

달콤한 꿀물을 그녀의 볼우물에서
퍼내어 마음 상한 슬퍼하는 사람들에게
사랑으로 나누어 주어 슬픔을 지우고
즐겁고 복된 인생이 되라고

예쁜 마음에도 고운 혼 속에도
귀여운 볼우물이 영원히 생겨
친구들에게 사랑하는 마음을 키워 주지요.

달과 여인

실눈 같은 달이나, 둥근 보름달이건
잔잔한 호수 위에서 사뿐히
가을바람에 찰랑이며 춤을 춥니다.

숲속에서 날아오는
바람소리 따라 사근사근 춤사위를 벌립니다.

나풀거리는 치맛자락이
호수 물 위를 밟으며
달빛 그림자를 수놓으며
살랑살랑 춤을 춥니다.

이승의 모든 고뇌를 호수 밑 깊이 묻으며
오직 사랑과 행복만을 바라며
여인의 옷자락이 발랑발랑 나부낍니다.

달이 서산으로 넘어가버리기 전
마치 춤으로 태어난 것처럼
여인은 호수 위에서 춤을 춥니다.

내일 아침 밝은 태양에
모든 것이 잠기겠지요.

봄맞이

꼬리를 흔들어야 강아지인가
복슬복슬하여도 강아지인데
봄바람과 함께 날아오는 버들강아지
버들피리 소리와 함께 사뿐히 날아오네

온몸으로 흔들며 봄맞이 하네
매화처럼, 진달래처럼
화려하지 못해도 은근 슬쩍
봄 이야기를 들려주는 따스함
정녕 봄은 버들강아지를 따라 오려나.

차라리 추운 겨울에도
복슬복슬 따뜻하게 움츠리고 있다가
노란 버들잎이 돋아날 때
기지개를 켜며 날아오네.

낯선 사람에게 짖지도 못하고
친지들이 와도 꼬리를 흔들지 못하고
안기지도 못하지만
복슬복슬 피어 따뜻하게 반갑다 하네
한여름 더위와 강풍에 훅 날려
멀리 멀리까지 떠날 차비를 하려나.

여인들의 마음

머리를 쓰다듬으시며
자라서 예쁜 사람되어라
할머니의 주름진 손길

얼굴을 만지시며
커서 착한 큰 사람되어라
어머니의 따스한 손길

왜 내가 있어야 하는지를 알겠어요
나는 그분들의 희망이었고
깊은 사랑의 대상이었지요.
두 분들 모두 이승을 떠나셨지만
나는 무엇이 되었나?

애틋한 아내의 손길을 느낍니다.
아휴! 머리가 많이 빠졌네!
모자를 쓰셔야겠네!
조그마한 상처라도 감싸며
살아가는 우리들의 사랑과 삶

모두들 보드라운 여인들의 손길로
따스한 세상을 만들고
삶을 이어 가겠지요.

세상사 모두 여인들의 손길만으로
이루어지고 가꾸어진다면
전쟁도 없고 평화만이 있겠지요

밤 하늘에는 별들

해가 지면 왜 달이 뜰까요.
왜 밤의 하늘엔 별들이 빤짝일까요.
광활하고 무한한 은하수가 왜 흐르고 있을까요.
어디서 시작해 어디로 흐르고 있을까요.
인간들이 감히 상상도 못하는 신의 작품입니다.

우리는 밤하늘 별들이 부르는 노래를 먹고 삽니다.
조각달이 반주를 맞추어 주는 노래를
때로는 살짝 구름에 실려 오기도 합니다.
나뭇가지들이 노래에 맞추어 춤을 추면
바스락 바스락 잎사귀들의 화음도 신명납니다.

바다에 노래가 없다면 배가 고파 옵니다.
허기지고 목이 마를 때마다
내 영혼은 갈매기와 같이 날아가
철썩거리는 바다의 노래에 심취합니다.

투명한 밤하늘에 별들이 없다면
우리들의 혼과 마음속에도
검은 장막이 쳐지고 죽음만의 혼돈세상이지요.
들어 보세요 별들의 노래와
둥근 달의 반주와 바다의 소리,
숲속에서 울려 나오는 웅장한 교향곡을 듣고 있다면
왜 별들이 밤하늘에 있는지 알게 되네요.

세 월

언덕 위에서 흐르는 강물을 내려다 봅니다.

정든 님을 기다리는 마음이
나를 떠나 강물과 함께 흘러갑니다.

나뭇잎 하나 홀로 떠내려가는군요
꽃잎이라도 태워 보낼까요?

어제 떠내려간 잎은
지금 어디쯤 갔을까?

또 나뭇잎 하나 떠갑니다
누구를 태워 보내면 좋을까?
내 마음을 실어 보낼까?

어디서부터인지
꽃잎들이 우수수 떠내려옵니다.

어제 강풍에 간신히 매달렸던
꽃잎들이겠지

마음은 두고 내 마음속에 피었던
꽃잎만을 띄워 보내야지

아무래도 시들어질 터인데
까맣게 잊어버린 친구들의 이름을
꽃잎에 적어 띄워 보내야지.

2부

달 속의 계수나무

외계인

\- 1 -

지구인들은 온 우주가 지구뿐이고
태양계와 은하수로만 되어 있는 줄로 알았었다.
우주의 주인은 지구 인간들이라 생각했었다.

태양과 같은 별이 우주 안에
수백 개가 있음을 알게 되었다.
달도 수만 개 있음을 보았다.
지구와 같은 행성도 셀 수 없이 많음을 알았다.

저 광활한 우주에서 지구인들을 방문한다
혹성을 타고 올 때도 있고
견우직녀가 만나던 오작교도 건너서
은하수의 뗏목을 타고 올 때도 있단다.

미확인 비행물체 우주선을 타고 온 외계인도
어젯밤 꿈 속에서 만났다.

자기네들이 가지고 온 식물도 나누어 먹었다.
금성인가 화성인가에서 왔다고 했다.

오다가 달나라에 들를 때에는
달 속의 계수나무와 토끼들을
지구인들이 본단다.

- 2 -

우주에서 방문한 손님들은 모두모두 똑같다.
먹는 음식도 한가지요.
입은 옷도 똑같고 생김새도 같다.
지문도 같고 유전인자도 똑같다.

선악과가 없었기 때문에
누구를 미워할 줄도 모르고
사랑만하며 선하게만 지내고
약탈과 전쟁은 모르고 지낸단다.

외계인들은 지구인들을 두려워한다

왜 지구인들은 한가지로 닮은 이가 없나?
모양도 가지각색 입은 옷들도 여러 가지다.
색깔도 황색, 흰색, 검은색, 붉은색 등등.

생각도 변덕스럽고 거짓말도 많다.
나라법도 나라마다 다르고
이러했다 저러했다 변화무쌍하다.
영웅이 되려면 법도 안 지키고
큰 거짓말도 잘 만들어야 되고
약속도 지킬 줄 몰라야 한다.

서로 서로 조용히 못 살고
욕심대로 빼앗고 죽이고 노략질하고
조그마한 싸움부터 큰 전쟁까지
무기를 만들어 죽이고 죽고 한다.

- 3. -

은하계 안에 무수한 태양계가 있다.
지구와 같은 행성도 수만 개가 있단다.

새로 탄생하는 별이 있는가 하면
죽어가고 사라지는 별도 있단다.

별과 별들 사이에는 진공상태가 아니고
여러 가스물질로 채워져 있고
어떤 규칙에 의해 융합했다 헤쳐지고
검은 구멍으로 물질을 흡수해 터진다고 한다.

여러 별자리(성좌) 안에도
우주인들이 살고 있는 별도 있겠지
전갈자리에는 전갈 같은 우주인들일까?
수억 년 전에도 우주가 있었다고 한다.

언제부터 우주인들이 존재했었는지
아무도 모른다. 그들에게는
지구인과 다른 신진대사를 갖고 있어
피와 피부색이 초록 색깔이란다.

지구의 시간으로 몇 달, 몇 년을
광선의 속도로 달리고 달려도

도착 못하는 별자리도 있다고 한다.
그들의 주인은 누구일까?
지구인들의 영과 혼만이 갈 수 있는 곳일까?
주인들끼리 전쟁은 안 할까?
참말로
주인님이 똑 같고 DNA가 같다면,
하나이라면 싸움이 없겠다.
누구일까 궁금하네

- 4 -

지구인들은 계속해서 인공위성을 보내지만,
외계인들을 만나려하지만
아직도 아무 소식이 없고
간혹 무전으로 혹성이나 딴 우주에서
연락이 있다고도 하고 아직은 없다고
또는 받았는지 모르고 있단다네.

많은 노력과 돈을 들여 특대 망원경을 만들어
우주 안과 밖을 들여다 보고 내다보고 있다.

가시광선 외에도 라디오 전파 엑스선 등
초 물리학적으로도 관찰하고 알려고 한다.
우주정거장을 거쳐 머나먼 외계 소식도
알려고 하지만 너무나 광대하다.

인공위성으로 달나라에 안착한 아폴로
겨우 우주 정거장까지가
지구인들이 시도한 외계의 한계이다.
한국에서도 이소연 우주인이 외계 정거장까지
소유주 인공위성을 성공적으로 타고
갔다 오고 외계 탐색에 나섰다.

- 5 -

지구 행성에서
공룡들이 한꺼번에 사라진 이유가
외계인들의 장난이 아니었는지?
지금도 가끔 외계로부터
별똥별(유성, 혹성)이 지구상으로 날아오고 있다.
만일 달만큼 큰 별똥이 닥쳐온다면

지구의 멸망은 빤 한 일이 아닌가?
운석의 모양으로 태양계의 생성을 알 수 있을까?

지구는 24시간 자전을 하며
하루를 보낸다.
365일 걸려 태양 주위를 돌아
일 년을 지낸다.
역자전과 역공전을 한다면
시계 바늘이 반대 방향으로 돈다면
나이를 거꾸로 먹을 수 있을까?

시공을 초월한 여행이 가능하다면
2000년 전 지구를 방문하고
예수님 십자가상의 죽음과 부활
몇 백 년이 될 지는 모르지만
지구의 종말이 온다는 미래까지
증인이 되어 예언도 하며
목격할 수 있겠다.

- 6 -

어느 은하수에서
행성이 항성 속으로 흡착되는 현상을
목격하였다고 신기롭게
그러나 역동적인 우주 안에서 무슨 일이든
왜 안 일어날까?
통합했다가 분열했다
떨어졌다가 붙었다 하겠지.
물이 얼어 저온이 되면 얼음이 되고
고온에 증기가 되듯이
터져 기체가 되고 융합하여 고체가 되고
융합열로 블랙홀로 삼켜
새 우주를 탄생시키는 창조의 섭리랄까?

- 7 -

가끔 태양에 흑점이 떠오르면
지구 내에 전파파동이 일어난다.
고 에너지의 입자들이 우주로부터

지상으로 쏟아져 들어온다.
우주선(線)이 보이지 않지만 쳐들어 온다.
지구 전신이 몸살이 나 생물계가 혼돈되고
엘니뇨현상으로 갑작스런 기후변동이 온다.
지진이 일어나고 화산이 폭발하고
큰 태풍이 불고 홍수가 나며
남, 북극의 만년 빙산들이 녹아 없어지고 있다.
알라스카에서
미국의 멕시코만에서
기름유출로 많은 생명체가
병들어 가고 있다.
물질만능주의 때문에
인공으로 자연이 훼손되듯이
우주의 어느 구석이 무너지고 있을 것이다.

- 8 -

비행접시의 출현이 지구상에서
여러 번 목격 되었다.
왜 누구에게만 나타나고

누가 만들어 누가 조종하는 물체인지
어떻게 공중을 날 수 있는지도
불가사이의 환상적이다.

그러나
지구상에 외계인들이 왔다 갔다는 흔적들
영국의 스톤헨즈(Stonehenge),
페루의 안데스 산 정상에 있는 마추 피추,
공중에서만 볼 수 있는 나스카사막의 지도,
멕시코와 에집트의 피라밑들
외계의 어느 행성을 향해
외계인들을 초청하는 통로가 아닐까?
태평양 연안 석상의 얼굴들,
누구를 아직도 기다리고 있는지?

혹여나 거인들만이 사는 행성에서
조그마한 땅 덩어리 지구인들
마치 지구인들이 현미경으로
미생물들이 움직이는 모습을 관찰하듯이
지구인들의 상상을 초월하여

그들의 세상이 또한 존재한다면
가소로운 지구인들이 되겠다.

- 9 -

지구인들이 만들어 놓은 환경오염 때문에
지금 지구는 신음하고 있다.
미래의 우리 후손들을 위해
지구를 살려야 한다.
식량난에, 화석의 에너지 고갈에
식수와 토양의 오염에, 대기 오염에
지구는 지옥이 되어간다.
지구를 살려야 한다,
미래의 주인들을 위해서,
아니면 화성으로나 우주 외계로
이민을 떠나야 하나?

3부

하루살이의 꿈

생명의 본질

아버지로부터 수십만이 숨차게 달려 나왔다.
나의 반쪽은 어머니 속으로 헤엄친다.
누가 정해 주었는지
사랑의 씨앗이던가
어머니로부터 나온 나의 반쪽과 합일했다.
혼이 언제부터 나에게 잡혔는지
기억이 없다.
그러나 나는 살아 있다.

큰 괴성을 터뜨리고 어머니로부터
떨어져 나왔으나 아직도 생각이 없다.
왜 울어야 하는지도 모르고
슬픔도 모르고 눈물 흘리다가
칭얼대며 달리면서 자랐다.

불만 없이도 살아 볼 수 있는지
불평 않고 살아 보려 했다.
마음에 느끼는 것이 도무지 옳지 않다고
흐느적거리며 달음질을 쳐 본다.

세월을 먹어 가면서 대대로 달려야 한다.
지치지도 못하고 한 평 땅속에 파묻히며
마음도 혼도 어디로인지 달려가고 만다.
영원히 기억에나 남으려나
모른다며 달려가 버린다.
숙명인양
우리들의 새끼들도 반쪽을 찾아 달려야 하겠지.

하루살이의 꿈

어머니의 뱃속에서 알로 태어나
날개를 달고 세상에 나왔다는 것 밖에
나는 배운 것도 없고 기억도 없습니다.
무엇이 나를 기다리고 있을지
내일을 몰랐어요.

누가 나를 키워 주었는지도 모르고
신의 섭리가 너무 어려워 몰랐지만
날 수 있고 먹고 마실 수 있다는 것도
저절로 알게 되었군요.

같이 날개 달고 불빛을 향해
날아야 된다고만 알고 있습니다.
불나방에게 물어보니
내일이 있답니다.
그러나 이제 저 불이 막 꺼지면
나는 사라진다고 합니다.

요 순간 내가 무엇을 생각해야 되나?
희망도 없고 기억도 안 나는 내 생애
그래도 공중을 향해 날갯짓을 해 봅니다.
불나방처럼 불 속 죽음으로 자멸해야 되나?
가벼워지며 어렵게 몸부림쳐 날아보며
꺼져가는 불빛처럼 희미해져
어제를 기억하고 내일이 올까 하고

하얀 안개 속으로 빨려들며 사라지는 하루살이의 삶,
꿈.

나에게도 어떤 내일이 있을는지
잠을 청해 꿈을 꾸어 봅니다.

새싹의 눈물

씨앗은 아직도 흙 속에서 몸부림치고 있지만
움이 돋아나 세상구경 나왔네요.
하얀 뿌리도 땅 속으로 파고들지만
노랑 싹이 미처 햇빛도 못 받고 누지러져
부슬비 내리기만 기다리네요.

차마 밟힐 수는 없다고 몸부림쳐 보지만
내 맘대로 피신도 못하고
엄마야 아빠야 소리쳐 보아도

씨앗도 흙 속에서 메말라가고
기운 없이 쪼들린,
공해로 더러워진 물 때문에
새싹이 슬피 눈물을 흘리고 있네요.

뿌리도 허기져 움츠리고
떡잎은 쪼그라져 시들어
가지마저 나올 꿈도 버리고
꽃을 피워야 한다는 희망도 사라지네요.
겨우 이렇게 시들어 슬픔을 눈물로 토하며
사라져야 할 새싹의 운명인가요?

방울토마토

노란색 꽃이 지드니
젖꼭지만큼의 초록 열매가
초록 잎사귀에 가려 방긋이
수줍은 듯이 내다보고 있습니다.

다섯 개가 시작하더니
두 개가 먼저 부끄러움을 타듯
붉은 모습으로 자라 갑니다.
남은 세 개는 아직도 송알송알

먼저 성숙한 빨강 쌍둥이
익어서 달콤해졌군요.
또 다섯 형제들이 조롱조롱
매달려 시작을 합니다.

빨강 모습이 얼른 눈에 들어와
누가 따 먹고 멀리 멀리 가서
후손들, 새끼들, 손자들
씨를 번지도록 염원하겠지요.

비둘기의 삶

꾸르륵 꾸르륵
슬픈 울음소리의 비둘기
평화의 사절로 오기는 왔으나
누구에게 전해야 될지

품고 있던 알들도 깨기 전
까만 눈동자 굴리며 참아보지만
왜 이다지도 힘이 드는 것일까

언니야 누나야 서글퍼하지 마
우리는 콩만 먹고 살지만
남의 살과 고기를 먹고 사는 짐승들
같이 살아야지
잡새들이 와서 새끼들을 먹어 치우고
구성진 슬픔만을 남기네.

오늘도 꾸르륵 꾸르륵
슬픔을 참고 눈물을 머금고
부부 한 쌍 먹이를 찾아 날으네.

갯벌의 삶

밀물에 움직이는 생명체들이 물 아래에 깔려
썰물로 개흙 바닥으로 감추어집니다.
서로서로 엉키어 도와주며 살던 것들이
커지며 많아지며 서로서로 잡아먹으며
약육강식의 철학을 실천합니다.

너도 나도 갯벌에 살던 인생들
왜 영원히 사랑을 못할까?
아니 너무 사랑하기 때문에
희생을 요구하는 것일까요?

갯벌이 아닌 콘크리트 위에서 사는 인간들
서로서로 너무 사랑하기 때문에
약육강식의 역사가 이루어지나요?

깊고 깊은 사랑과 위함이 있다면
갯벌 위의 삶속에도 밀물이나 썰물 때나
서로서로 번영하며 낙원을 이룰 텐데
인생들이 조개나 방게만도 못하게
너무 어리석었나
물결 타고 공중에서 비행하던
갈매기들이 인간들을 비웃으며 날고 있네요.

고 엽

세월 따라 떨어져야 될 운명
누렇게 오그라져 바삭바삭 말라
떨어지기는 싫어요.
여름날 싱그러웠던 푸르름이 무너져
간신히 빈가지에 매달리고 있는 내 모습,

서리 한 번, 두 번 내리고
첫눈이 나리면
누구나 사슬 바람에 날아갑니다.

바람이 불 때마다
온몸을 흔들며 매달립니다.
몸부림쳐 꼬옥 매달려도
자연법칙에 따라
수액이 막히며 희생되는 내 모습

짙푸르름이 바뀌어
차라리 당당히 핏발이 되어
붉게 물들어 버린 단풍이 되어
펴얼펄 날리며 미지의 땅으로
날아가 떨어지고 싶네요.

얕은 삭풍에 맡겨질 내 생명
가랑가랑 떨어진다면
너무도 가련하지요, 운명, 운명,
한 번 밖에 없는 삶
단풍이 못 되어도
황홀한 색의 가을 잎으로
당당히 떨어져 멀리 멀리 미지로
날아가고 싶네요.

눈물의 과학

우리들 머릿속의 수억 만 개의 뇌세포들
끼리끼리 모여 동아리 만들고
서로서로 사슬로 연결되어
내 분비물, 전기로 주고받고 있네.

슬픈 사연을 저장해 언제인가는
슬픈 기억으로 재생해
눈 속의 샘물로 연결되어
펑펑 쏟아지는 눈물의 폭포도 되고
흐느끼는 슬픔도 되네.

어렸을 때 친구와 이별의 슬픔
장성하여 부모님과의 슬픈 이별되어
뇌 속의 신경세포들이 흥분해서
내 몸속의 식염수를 눈으로 쏟아 내고
몸부림치며 슬픔을 토해 냅니다.

자기공명 지도에
기억의 신경세포들
육신의 운동근육을 지배하는
운동신경세포들 동원되어
몸부림치며 온몸으로 흐느껴
슬픔의 눈물이 나옵니다.

눈물은 마치 전염되는 감(感)과 정(情)의 산물
여러 사람들 중에 한 사람만이라도 전염을 시키면
모두가 눈물을 흘리게 됩니다.

그림자

작았다 커졌다
내 그림자 내 모습대로
움직이며 따라다니는 그림자

짧아졌다 길어졌다
색깔도 없이 내 모습대로
거무스름하게 쫓아오는 그림자

원하든 싫어하든
움직이는 대로 흉내내는 그림자

어렸을 때
"스승의 그림자도 밟지 마라"
때문에 그림자를 두려워했다.

내 혼이 그림자 속에 있나 해서
무서워하며 지워보고 싶어
흑암속으로 들어가 살아 본다.

인간들의 모든 죄성을 품고
그림자를 부정해 보지만
작은 빛으로 다시 보이는 그림자

두려워말자
그림자는 빛이 있어야 생기니
차라리 큰 빛으로 내 그림자를 찾아
무서워 말고 마음껏 즐기며 살아 보리.

웃음

울고 싶을 때에 웃는 사람 없네요.
너무 우스울 때 눈물도 납니다.
여러 말보다는 빙긋 웃음이
더 긍정적으로 응답하지요.

아기들도 까르륵 웃지요.
아기들이 왜 웃는지를 모릅니다.
천부의 소질인가 봅니다.
찡그리고 웃어도 혐오스럽지 않고
엄마의 젖꼭지 물고 만족해
웃는 모습 천사의 모습이지요.

오만스럽게 웃고 있다면
여러 사람들에게 혐오감을 줍니다.
입술 양귀가 내리지 않고 올라가
웃고야마는 진지한 웃음으로
서로 서로 인사하며 살면 좋겠지요?

우리 삶에는 너무나 많은 미움이 있어
어렵더라도 푸른 하늘 태양을 보며
밤의 밝은 달을 보며 웃어 보세요.
저 수많은 별들도 웃음으로 답을 할 겁니다.
첫 웃음으로부터 첫 생명이 시작되겠지요.

손 (3)

두 손 모아 기도합니다.
조국과 민족의 장래를 위하여
손자 손녀들을 위해
그들의 삶터인 지구촌을 위해
오늘도 새벽부터 기도합니다.

모진 정치꾼들 때문에 상처받은 조국
독도도 넘보는 여우들,
늑대들에게 백두 영봉도 빼앗기고
조상들이 말 타고 활 쏘며
달리던 넓은 땅에는
아직도 고씨 조상들이
땅 속에서 자고 있는데
언젠가는 그들도 나와 후손들에게
두 손으로 금수강산을 물려주려나?

맹수들로부터
겁탈 당하지 않도록
힘없는 민초들을 위해
오늘도 두 손 모아 기도합니다.

4부

평화가 오기를

병정놀음

- 서시 -

아직도 휴전선에는 같은 민족이었지만
서로 믿지 못하고 밤낮으로 총부리를
겨누며 살기가 등등합니다.
누구의 죄이던가요?
북쪽에서는 대량 살생무기를 만들어
시험 폭파를 했다고 합니다.
왜 했을까요? 그렇게도 원수가 싫었을까요?

사상이 무언지 주의가 무엇인지는 모르지만
조상들 모두 팔아먹고 부모의 정마저 끊고
인민군 따라갔던 젊은이들 뼈골로만 남았고
너무도 한심한 피해에 왜? 왜?
중국인, 외국인들만 들들 끓고
쌀이 없어 강냉이 밀가루만 먹다가
월남에 가서 베트콩과 병정놀음하다가
많은 병정들이 남의 땅에서 시신이 되어 왔네요.

- 1 -

만주와 러시아의 국경 도시에서
왜인 이등방문을 총살한 우리의 장군
안중군 의사와 여러 애국열사님들
비겁한 만주인들 중국인들도
꿈도 못 꾸었던 거사들을 해내었습니다.
왜인들의 병정놀음에 항거하여
독립을 찾겠다던 우리의 애국지사님들

중국 땅 안에서
폭탄을 안고 왜군들 앞에서
자결한 윤봉길 의사,
화란 헤이그에서 자결한 이준 열사
모두들 외지에서 비참하게 쓰러져
희생된 이들의 귀중한 목숨들을 바쳤네요.
이들은 모두 이북의 그 누구보다도
훌륭한 영웅호걸들입니다.
아직도 남북으로 갈려 서로를 잡아먹겠다고
으르렁대니 한심스런 병정놀음의 역사가 됩니다.

- 2 -

우리에게는 너무나 많은 슬픈 이야기들
36년 동안 일본인들에게 전쟁터로
공장으로 광산으로 끌려간 오빠들
군인들 위로 물로 끌려간 누나들
얼마나 많은 선량한 청년들의 목숨이
숨을 거두고 시신으로 돌아왔는지요?

1941년 12월 7일 일본 해군의 갑작스런
하와이 진주만 공격으로 시작된 태평양 전쟁
엄청난 인명 피해와 물적 손실 희생은
일본 히로히또를 살려 둘 수 없을 정도이었습니다.

"도쓰게끼" 한마디에
적군의 포격 속으로 내일의 기약도 없이
포연과 함께 사라져 죽어간 신풍돌격대
누구를 위하여?
고향의 조상님, 부모님께도 하직도 못하고

불효자식으로 목적 없이 사라졌네요.

이차대전 일으킨 도조와 히로히또
도조만 벌 받고 히로히또는 멀쩡
아직도 후손들 왜인들의 존경대상?
수많은 나라들의 희생제물들
저승에서 원한이 서려 이를 갈고 있네요.
히틀러와 독일인들이 영 미 쏘인들에게
죄인 취급을 받고 이차대전 종말로
히로히또만은 살아 남았네요.

미국의 오성 장군 더그라스 맥아더
미 육군사관학교에서 일등 졸업생으로
일차대전 때도 훈장을 잔뜩 받고
미 육군사관학교를 개혁시킨 병정 중 병정
이차대전 때 필리핀을 다시 찾으며
도조와 히로히또의 항복을 받아 내며
육이오 전쟁 때는 인천상육 성공으로
남한의 병정놀음에서 영웅이 된
"노병은 죽지 않고 사라질 뿐이다."

아직도 그는 죽지 않고 인천 앞바다에 잠겨
명성만 감추어졌네요.

- 3 -

해방되었다고 반도가 들끓다가
우리들 잘못으로 두 동강 나고
갑자기 쏘련제 탱크와 야크기 이백여 대
앞세워 새벽녘을 틈타 남침한 공산당들
38선 넘어 3일만에 서울까지 내려왔네요.

국군 소위와 인민군 소위가
서로 총을 겨누고 전선에서 마주쳤답니다.
성씨는 같았습니다.
몇 대 조상 중에는 형제였지요.
인사도 없이 방아쇠를 눌렀답니다.
귀하고 아까운 젊음이
둘씩이나 희생되었습니다
이 참혹한 슬픔을 누가 책임져야 되나요?

엄청난 6·25를 당하고 남쪽으로, 남쪽으로
쫓기고 논밭 잃고 죽을 먹으며 견뎠지요.
그래도 민족을 위한 병정놀음이었나요?
이백오십만의 귀중한 목숨들
중국인, 이북인, 남한인, 16개국의 유엔군들
누구 때문에? 누구를 위해?
아깝게 희생을 당했어야 했나요?

- 4 -

"너는 일본군, 인민군, 국군이었다"
일본 관동군으로 끌려갔다가
총 한번 쏘아 보지 못하고 해방되어
인민군으로 징병되어 남침의 기수로
산을 넘고 물을 건너 낙동강까지 왔다가
유엔군에 포로되어 국군으로
편입되었답니다.

고향은 이북이었지만
부모형제 모두 잃고 나만 홀로

외톨이 신세로 망향원에서
망배단에서 휴전선 넘어
북을 향해 눈물만 뿌리고 있네요.
지구의 마지막 날은 핵폭탄이 아니고
성별전쟁 남자 대 여자들의 병정놀음일 거에요.

아직도 핵폭탄을 만들고 유도탄을 만들고
위협을 해야 되나요?
서울을 불바다로 만들겠다는 사람들
그래도 비료와 식량을 보내라고
큰 소리 치는 사람들에게 무기 만들라고
돈까지 보내는 어리석은 사람들 나라에
우리가 살고 있는 것이 옳은가요?

남한의 재벌이 소고기 국 먹으라고
천 마리 소를 자동차 수백 대에 실어
이북으로 보내던 같은 때에
북한에서는 동해 바다로
잠수함에 공작원들을 보내다가
좌초되어 한 열성 동무가 모두를 죽이고

혼자만 살아 북으로 탈출했다니
조국을 사랑하고 민족도 사랑해
총으로 몰살을 하다니 인간애는 어디에?
누구를 위한 병정놀음이던가요?

- 5 -

강성대국이라니?
국민들은 굶어 죽어가고 어린이들 허기져
영양실조에 걸려 삐쩍 말라가는데
대량살생 무기를 만들고 유도탄을 쏜다고
강성대국인가요?

아직도 틈만 나면 중국으로, 바다로
남쪽으로 식량 얻으러, 구걸하러 떠나는
많은 국민들을 잡아 죽이는 북조선이
누구를 위해 핵무기를 왜 비축하고 있나요?
유도탄은 왜 만들고 핵은 왜 보유해야 되나요?
육이오 전쟁의 도발은 누가 맡아야 되나요?

천안함의 참담한 두 동강
46장병들의 동시 수장
마치 빈라덴이 뉴욕 무역센타를 공중 분해한 충격,

틈만 있으면 남한의 장병들의 목을
휴전선에서 짤라가던 만행 모두가
동족을 위한다는 소행이였나요?

- 6 -

김신조 아직도 남한에 살아 있는 전설적 인물
청와대 대통령관저를 노리고 습격 기도한 무장공비
그렇게도 미워서 목숨을 버려가면서까지
남침을 시도했어야 되나요?
남북한 양측의
귀중한 생명들이 희생되고
사라져 간 역사를 남기고
미얀마 아웅산 묘소에서 남한의 엘리트들을
17명이나 참사를 시키고
드디어 공중에서 KAL 858기를 폭파시켜

115명의 허무한 생명들을 한순간에
빼앗어야만 했었나요?

- 7 -

베트남(Vietnam)이 어디에 있는 섬인가요?
아니 섬이 아니고 병정놀음의 전쟁터.
불란서인 미국인들의 전쟁터에
남의 나라에 한국의 젊은이들이
달러 벌기 위해 용병으로
배 타고 간 나라였지요.
상하의 정글 속에서
누가 적군인이지도 모르고
어둠속에서 움직이는 그림자와
총 소리를 따라 총부리를 날렸던 병정놀음
훈장도 받고 승리도 했다고 했지만
이긴 편도 없고 패한 편도 없는 놀음이었지요.

\- 8 -

이락, 이란, 파키스탄, 아프카니스탄에서
여러 나라 사람들이 어울려
병정놀음을 하고 있습니다.
수많은 아름다운 젊음이 꺼져가고 있습니다.
인간들의 숙명인지 꼭 해야 되나요?
잡아서 먹지도 않으면서 왜 그렇게 많이 죽이나요?
매일 매일 자살 폭탄으로 종교가 다르다고
정치가 다르다고 주의가 다르다고
법이 다르다고 습관이 다르다고
병정놀음을 해야만 되나요?

\- 9 -

병정놀음에서 가장 성공했다는 몽골의 유목민
징기스칸은 겨우 10만도 안 되는 병정들로
50만이 넘는 중국의 금나라를 정복
서쪽으로 대 유럽 나라들을 정복했으니
역사적으로 가장 넓은 땅덩이를 차지했었습니다..

지금도 몽골에서는 가장 위대한 인물로

그러나 동물과의 성교, 문화의 후진으로
매독의 원조들이 되어 패망되고
몽골의 후손들이 문화의 정복을 당했습니다.
무기만 쓸 줄 아는 병정만으로는
인류를 다스리지 못한다는 역사를 남겼습니다.

나폴레옹도 콜시카섬에서 죄인 노릇 했지만
아직도 불란서 인들에게는 영웅병정으로
시체가 있는 무덤을 신성시 하고 있네요.
히틀러도 종국에는 자살로 끝매김을 했습니다.
사담 후쎄인, 스탈린 동상 모두 인민들에 의해
무참히도 쓰러져 파괴되었네요.

- 10 -

승자는 충신이요, 패자는 역적이니라
노벨 평화상은 병정놀이를 잘 하는 이에게
주는 것인가요?

죽은 자에게는 노벨상도 없습니다.
지구가 괴멸되기 전에 병정놀음이 없어질까요?
아니 모든 지구인들의 유전자가
동일하게 될 때까지 병정놀음이 계속되겠지요.
아! 아! 지구촌에 지긋 지긋한 병정놀음이 가고
어서 어서 평화가 오기를 기다려 봅니다.

5부

방랑자

방랑자

자유로운 나라에서, 넓은 땅에서
황홀한 꿈을 이루어 보려고
모진 어려움을 참으며
혹여 인종차별까지
수치를 견디며
바다 끝까지 가보려 했다.

알 수 없는 것에 쫓기며
보지도 듣지도 못한 것에도
놀라며 도망쳐 보았다.

땅 끝에서 머물며
모든 수모를 먹고 마시며
잘 살아 보려 했다.

비겁자는 아니고
고향산천을 마다하고
조상님들을 뒤로하고
기약 없는 내일을 위해

지구 위의 반대편에 정착한
우리는 조국을 배반하지 않았다.

조국이 더 잘 살게 되었다는
소식을 듣고자
때가 되면 돌아가려
꿈도 꾸어 보았다.

이 곳이 저 곳,
오염과 타락이 넘치는
지구상
지금 도망쳐본들
이른 봄의 첫 종달새의 지저귐 같을까?
이른 여름의 첫 장미꽃 같을까?

새들의 노래 소리도 그치고
꽃들의 향기도 메말라가는
이 땅 위에 어디로 피한들
내일의 황홀함을 느끼며 살까?
우리는 영원한 방랑자이네.

나그네

그리움도 없이 서러움도 없이
쓸쓸히 홀로 떠나는 인생길
우리 모두 미움이랑 슬픔이랑 털어버리고
아름다운 추억만을 안고 떠나자.

어제도 왔고 내일도 가고 말아야 할
오늘의 길 떠나는 인생길
어디로부터 왔는지 모르지만
또 어디를 거쳐 가야 할지
꼭 가야 할 곳도 없지만.

대나무 지팡이 의지하고
가죽신을 신고 등짐 보따리 둘러메고
목적 없이 떠가는 구름과 같은 인생살이
훌쩍 떠나야 할 나그네들

너도 나도 홀로이 넘어야 할 험산 고개를
지나는 뭇 짐승들, 날아가는 새떼들
길동무 못해주지만
사랑스런 추억만을 등짐 속에 담아서 메고

들꽃들 흐드러져 오라고 손짓하는
호화로운 들길도 아니고
익어가는 과일들의 싱싱한 향기 풍기는
과수원 길도 아닌 외로운 홀로의 길

폭풍우가 와도 가야하고
폭설이 쏟아져도 홀로 떠나야 하는
건너야 할 강과 바다가 가로 막아도
기다리는 사람도 없는 인생길
한없는 고독을 씹으며
오늘도 쉬지 못하고 나는 외로이 떠나간다

경로당

내가 잘나서 네가 못나서
만남이 아니고
간절히 보고 싶어서도 아니고
저절로 발걸음이 닿는 곳
언제나 가 봐도
그 할머니, 그 할아버지
모두 모두 비슷하게 살게 되어
만나는 곳, 소일하는 곳
특별한 재주가 있다고 해도
옛 이야기 돼 버리고
재물이 많다고 해도
별 것이 아닌 게 돼 버리고
자손들이 잘 되었다 해도
찾는 이 없고
이제는 저 나라로 떠나는 정거장
그제는 할아버지가 떠났고
어제는 누구 할머니가 떠났고
오늘은 누구들 차례 기다리는 정거장
아니 오면 소식 없어 희소식이든가

소식 없으면 어느새 떠나갔나
정거장도 거치지 않고
우리를 기다리는 정거장
내일에도 기다리겠지
기억에라도 남을 추억만을
남기고 떠나는 정거장
하릴없이 모이기만 해도
갈 판 났네.

고물(古物)들
-골동품

박물관엔 오래된 질그릇들이
손님들을 기다리고 있답니다.

우리 모두들의 속에도
오래된 것들이 도사리고 있답니다.

몇백 년, 수천 년 꿈을 안고
지금까지 한 번도 이루지 못하였던 듯이
웅장한 뜻을 품고 유리 상자 안에서
침묵을 지키고 있답니다.

몇백 년 전엔 호화로운 궁중대궐 처마에
날개인양 뽐내었던 기와장도
지금은 깨어진 토기가 되어 말을 잊은 채
유리 상자 안에 갇혀 있답니다.

어느 특출한 장인님의 솜씨로
세상 구경 나왔던 청자의 술병들도
가지런히 앉아 있답니다.

어느 장군님의 손바닥에 쥐여졌다가
누구에게로 옮겨졌는지는 잊었지만
지금은 모두 옛 이야기가 되었답니다.

품었던 막걸리로 누구를 즐겁게,
취하게 했었는지는 잊었지만
지금은 모두 옛 꿈으로 남아 버렸답니다.

지금은 모두 오래된 것들이
천고 만사를 비밀로 품은 채
이야기 할 듯 말 듯 세월만을 보내며
고즈넉이 앉아 있을 뿐이랍니다.
내 속에 숨어있는 고물들이
언젠가는 세상 구경을 할 수 있겠는가?

장승의 노래

나는 장승이어라
숨도 쉬고 먹고 마시던 노목이었던 내가
지금은 고목이 되어
톱과 도끼, 징으로 찍겨 장승이 되었네.

36년간 일본 도깨비들에게
호령하던 나였지만 빨갱이 전차와 총, 칼에 찢겨
피 눈물 뿌리며
눈망울만 굴리며 서 있네.

오고 가는 사람들의 굽은 등과 허리를
한숨으로 지켜보던
환희도 없고 원망도 없이
장승이 무얼 하겠나?

개발, 재개발 바람에 쫓기고 쫓겨
이제는 산골 마을 어귀에 서서
눈물도 메마른 눈망울만 크게 달고

황사에 찌든 누렁 이빨만 악 물고
혼도 마음도 지쳐 누워 보고 싶은
고목 토막이 되었네.

흰 사람, 노랑 사람, 검은 사람
오고 가며 토해낸 온갖 한을 품고
한숨으로 삭혀내며 침묵으로 지켜오다
언젠가는 나도 천재(天災), 인재(人災)로 인해
한 줌 재로 변할 장승이어라.

봄, 여름, 가을, 겨울
한 가지로 퇴색 되어진 고목이 되어
꿈도 버리고 혼도 나가버린
역사의 증인이라도 되리라.
(천하대장군, 지하여장군의 노래)

비 밀

너와 나만이 알 수 있는 이야기를 나누어 보자
우리는 새벽마다 별 밑에서 속삭여 보자
우리는 밤마다 어두운 바람결에 속삭여 보자

이 세상에서 너와 나만이
들을 수 있는 노래를 불러보자
나와 너만이 볼 수 있는
그림을 그려보자
보름달 밑에서도 주고받자

별들도 보름달도 듣고 보았으니
그것이 바로
그 하늘에 그 구름
지나간 그 바람이었지
너와 나만이 아닌 그것들이 모두
새로워진 것 아닌 이야기가 되나 보자

그래도 우리는 영원히 속삭일 것이다
노래를 부르며 아름다움을 그려 볼 것이다
너와 나만의 비밀로
이제는 비밀도 아니겠지?

한평생 오솔길

인생의 외나무다리도 걸쳐져 있고
나 혼자 걸어가기엔 너무나 외로운 길

숲길에 털이 송송 난 할미꽃
좋은 아침! 머리 숙여 수줍어 피고
도토리와 함께 다람쥐가 뛰어가고
좋은 하루 되세요! 움찔 쳐다 보네요.
산새들이 노래하던 나무 숲길에는
햇빛도 못 들어오는 시원한 그늘 길이지요

어머니와 함께 걸었을 때는 몰랐었지요
주위를 두리번거릴 겨를도 없었고
엄마의 손만 잡으면 포근해서
모르는 짐승이 달려들 무서움도 모르고
사람이 사람을 해친다는 걱정도 몰랐지요.

아내와 같이 걸어 왔던 길에는
힘든 일, 어려웠던 일 생각나게 합니다.
그래도 속으로 꾸욱 참고 견뎌 냈지요.
아플 때는 아내의 위로가 있어 외롭지 않았지요.

아들, 딸들과 함께 걸을 때는 재미있지요
손자, 손녀들이 함께해서
이제는 큰길이 돼 버렸네요.
아내와 둘만이 걸어 보고 싶은
추억만의 오솔길이 되었네요.

첫 슬픔

첫 사랑이 있었기에 첫 슬픔이 있었지
왜 그녀와 이별을 해야만 되나?
혼자 살아 갈 수는 없어요
여름이 피어날 때 그녀와 함께 온
벌들과 나비들 꽃향기 같이 맡으며
즐거움이 픗 사랑과 함께 풍성했는데

꽃들이 지고 가을 단풍 단청 짙을 때
그녀를 불러 주세요.
그녀의 순진한 미소 아직도 생생한데
여름의 꽃향기 담고 가을 채색을
첫 사랑과 함께 나누어야 할 때
왜 나만을 두고 떠나가야 했나요?

그녀는 꽃과 나비, 벌들이 싫은가요?
곧 차가운 겨울이 슬프게 오고 있는데
같이 손잡고 거닐던 개울가
들꽃들 흐드러져 인사하던 곳
몹시도 허망한 그리움만을 남기고
떠나버린 그녀 때문에
우리의 첫 슬픔이 시작되었네요.

캐나다 이민자
-비빔밥

조상 때부터 지금까지
여인들의 치맛자락과 옷소매로부터
치고 무치고 고루고루 섞어서
전주에서 왔건 제주에서 왔건
인생살이 매끄러워야 된다네

목이 긴 노랑 나물, 풀뿌리 하얀 도라지
검정 고사리 야채들 모두 섞어
분별없이 섞어 맛을 내기 위해
목포냐 충청도냐 따지지 말고
거제면 어떻고 춘천이면 어떠랴

두루두루 섞어 비비고 뭉쳐서
누가 시작했는지도 모르고
우리들만의 유별난 혼합이려니
조상 때부터 물려받은 전통문화
후대들에게까지 전수해 보자

참기름과 장맛 때문에
기본이지 섞어진 육류도 아니고
아우성치며 말려든 나물들
캐나다 이민 일 세대들
북방에서 왔건 남방에서 모였건

푸성귀의 건수도 아니고
시대에 따라 남녀노소 식대로
제 모습 뽐내지 않고
잘나 보아야 푸성귀들의 모임
노랑, 껌정, 흰 비빔밥이 되었네

오늘도 한 그릇으로 뚝딱
하루의 힘을 받아 보리밥과 고추장
열무김치 오뉴월 삼복더위까지
비비고 섞어, 섞어 참기름으로
윤활하게 장식하여 고소하게 넘기는
우리의 맛 전통이 되렷다.

반백 년 세월
-50주년 재상봉에

세월을 읊으다 보니 어느새 풍월이 되어
강물처럼 흘러가고
50년을 훌쩍 삼켜 버리고
백설을 머리에 쓰고
주름살 활짝 웃고들 있네

공부하러, 돈 벌러 고향을 떠나서
태평양 건너 낯선 땅에 뿌리박고
젊은 피 말라라 일하다
세상 하직하기 전에
그리웠던 친구들 보고파
모교라고 어머니 생각 나서들 모였네

불타던 초록이 칠순 넘어
뿌연 안개 속으로 지워지는 추억을 살려
오랜 세월 숨겨 두었던 재미난 이야기들을 끄집어
몇 날 밤만이라도 꿈속을 헤매여 보자꾸나

너랑 나랑 아옹다옹 했던 일들
언제 또 엮어 볼 수 있을까?

소식 없어 궁금했던 그리움
정으로 간직하고 또 50년을 기다릴까?
아서라
이제는 자주 자주 만나 보면 어떨까?
잊어버리기 전에 어서 어서 이야기 해야지
아름다운 추억이 지워지기 전에 빨리 빨리…

인생의 여정표

자석의 콤파스가 공중과 바다 길에서
목적지를 제시합니다.
황량한 사막 길에서도 이정표로
삶의 목적지는 모두 저승인가?
어떻게 해서 가는 것이 옳을까?
동 서 남 북 보다
산이냐 바다냐
호수냐 계곡이냐
우리들의 삶 중 어느 길로
어디까지 갈 수 있냐를 지정해 줍니다.

지나온 과거 길을 되돌아 봅니다.
슬픈 일도 괴로운 일도 잊혀지고
즐겁고 기뻤던 일들만 기억되면
오늘도 내일도 그리로 가 보시게나.

6부

죽은 자는 말이 없다

어느 시인(詩人)의 사후(死後)

죽은 자는 말이 없다.
그러나 죽은 자끼리는 대화가 통한다.

\- 1 -

어느 시인이 사후에 저승의 사자와 함께
천국과 지옥을 수의로 방문하였다.

한국인의 천국에는 단군님이 있고
세종대왕이 있고
왜인들이 침범했을 때
이순신 장군이 있었다.
시아버지 대원군이 있고
며느리 명성황후가 있다
왜인들의 칼에 명성황후 참살되고
그런데 남과 북이 갈려 있다.

미국인의 천국에는

죠지 와싱턴, 아브라함 링컨이 있고
그러나 남과 북이 통일되어 있다.

천국인지 지옥인지는 모르지만
북한의 저승에는 김일성(수령님?)
노XX, 김XX이 있으려나?
시인은 함께 만나 술 한 잔 기우리고
진정으로 무엇이 민족을 위한 것인지
이런 저런 신세타령을 나누고 싶다.
오십년 넘게 기다리고 기다리다
이별의 슬픔과 원한을 가득 품고
돌아가신 이들을 만나 보았다.

- 2 - 여인 천하

시인이 죽어 만난 첫 번째 여인 유관순

쓰라린 36년간은 수치의 기간
말까지도 이름도 성씨도 잃어버렸었다.
왜인들에게만 아부해야 살아남았다.

총과 칼 앞에 굴하지 않고
의젓이 태극기를 들고 나섰던 유관순
그대가 있었기에 우리 시인들도
이승과 저승에서 떳떳하겠지.
"대한독립 만세"만 부른다고
애국하는 것일까?
그녀에게는 혼이 살아 있었다.
시인은 유관순 혼과 대화를 나누었다.

불란서에는 잔 다크가 있었나?
그녀는 조국을 위하여 애통도 했으나
결국에는 솔본느의 신학자들에 의해
무참히도 화형을 당했다.

시인의 이승에서는 처녀들이
대학 입학시험에 여념이 없고
외모의 변형이 너무 심해
누구집안의 딸인지 조차도
혼이 빠져있고 참 삶이 없다.
유관순 언니, 누나야말로

우리들을 살리는 참 혼이라네.

시인이 죽어서 또
다음 만난 여인은 명성황후

엄하신 시아버지 대원군 밑에서
일본, 러시아, 중국등 외세에 밀려
조선의 마지막 며느리로
왜인들의 깡패들로부터
일본도로 참혹하게 쓰러져간 여인
목숨도 잃고 조국도 잃고
잔혹한 왜인들에게 희생되어
후대에 유관순을 세워 주었네

시인은 강릉 땅에 예쁘고 착한 인선이를
한국인의 어머니로 자라난 여인을 찾았다.
운시로 대화했고 그림을 주고받았다.
인자하고 똑똑한 어머니 사임당은
당시대뿐 아니라 후대에도 영구히
우리들의 자랑스러운 어머니이다.

청산리 벽계수를 영접하던 명월
시인들의 영원한 지성의 애인
황진이를 만나야만 했다.
지족선사가 고상한 불도도 파기하고
아름다운 인간의 사랑을 위해
우리 명월이를 만났었고

서화담 선생과도 함께한 자리에서
아리따운 황진이와 함께
은은한 거문고소리에 맞추어
술 한 잔의 낭만이야말로
모든 시인의 희망이며 소원이겠다.

고려 개경 송악산 자락에서
포은 시조를 읊으며 한량 선비들의
영원한 애인인 황진이를 만나러
또 선죽교를 찾았다.
선죽교 돌 자락에는
아직도 충신 포은의 선명한 핏자국
혁명이 성공하기 위해서는 희생과 선혈

시인에게도 고려 말의 참극을
후손들에게도 호소하고 있다.

신라의 진평왕은 슬기로운 덕만공주를
선덕여왕으로 계승시키고
다음은 진덕여왕으로 여왕들 천하를 이루었다.

신라의 화랑들을 키웠던 선덕여왕
김춘추와 김유신 장군들을 이끌었던 여왕들
원효대사와 화가 설총도 당대의 명인들
선덕여왕의 아름다움과 선정으로
첨성대도 처음으로 만들었고
문화의 꽃을 피웠네.

- 3 -

호동왕자를 사랑했던 낙랑공주
비록 적군의 왕자였지만
조국을 배반할 만치 사랑을 했고
외침을 방어하던 자명고를 찢고

호동왕자를 불러 들인 낙랑공주
아름다운 사랑이라면 나라도
받쳐버린 한 여인의 순정이었나?

사랑하는 여인 때문에 왕권도 버리고
천민이 된 왕자도 있고
왕권 때문에 사랑을 버린 여왕도
애증과 권력이 인생의 수단, 방법과 목적
때문에 아름다운 인생을 탕진한다.

죽은 자는 말이 없다.
그러나 자유롭다. 억매인 곳이 없다.

- 4 - (1)시인은 해외여행으로

중국 땅의 만리장성과 함께
진시황제를 만났다.
어쩌다 불로장생초를 구하러
황해 바다를 건너 섬나라로 떠난
아리따운 삼천 궁녀들을 만났다.

그들이 모두 왜인들의 어머니가 되었나?
당나라의 양귀비와 궁녀들
아리따운 그들의 모습에서
흉물스럽게 변한 자신을 발견하고
만리장성 밑에 묻힌 그의 시신을
보고 돌아왔다.

애굽의 천하미색 크레오파트라를
품에 안고 춤을 추다가
코부라 독사에게 물려 시체로
피라밑 속에 미라가 되어
누어있는 자신을 보았다.
여색이 무엇인지 시인은 자신을 보며
세상의 미녀들을 증오하기 시작했다.

- 5 - 영웅 호걸들

시인은 죽기 전에는 많은 호걸들을 존경했다.
시인은 많은 영웅들과 교류했었다.
여러 나라의 황제들과 대통령들

예술가, 문학자들, 배우, 과학자들, 정치가 등등
음악가와 철학자들을 더 존경했었다.

죽은 자는 말이 없다.
그러나 산 자의 꿈속에서 살아난다.

시인은 하늘에서 내려 온 환웅님과
땅 위의 웅녀를 만나 그들의 사랑을 보며
이 나라의 시작을 목격했다.
그들의 아들 단군이 조선을 세웠다.
고요한 아침의 나라 첫 해가 비치는
평화와 축복의 나라가 시작되었다.

10월은 상달 우리나라 축제의 달,
10월 3일 하늘이 열린 개천절
4300년이 넘게 여러 영웅호걸들
이 땅을 수호하면서 비록 반도는 적었지만
넓어졌다 좁아졌다 하면서
시인이 살았던 현대까지 이어졌다.

풍백, 우사, 운사의 삼위 태백신으로
홍익인간의 사상이 시작하여
동방에서 아침 첫 햇빛을 받으며
조선, 조선 고요하고 신선한 아침의 나라
고조선은 평화와 풍요의 나라를 이루었다.

금와왕의 일곱 왕자들에게 시샘으로 쫓긴 주몽
압록강 동쪽 엄호수에서
물고기들과 거북이들이 다리를 만들어
피신시켜 졸본 땅에서 고구려를 세웠다.

다음 유리왕이 국내성을 쌓고
만주 땅을 고구려의 국토로 세웠다.

동명성왕 고주몽의 고구려 땅을 밟았다.
조선 역사상 가장 넓은 국토를 영위했다.
만주땅 안에 광개토대왕 고분이 있고
국내성 주위에 만여 개 고씨 후손들
고분들이 아직도 남아 있는데 왜, 왜
관람료는 중국인들이 받아먹고 있나.

광개토대왕 비문은 인류 고적역사상
돌에 새긴 글로는 위대한 유산이다.
만일 종이나 피혁이나 섬유질에
쓰여졌다면 이미 소실되어
현대인들의 지성 속에 생존치 못했을 것이다.

누가 백두산 십삼 영봉 중 하나를
등소평에게 왜 주었나?
욕심 많은 이웃들 이리 저리 찢어 먹고
이웃의 섬나라 왜인들까지도
독도와 동해를 자기네 것이라 한다.

- 6 -

죽은 자는 말이 없다.
그러나 유적과 유물들의 입을 통해 말한다.

경주에 있는 고분 속에서
신라시대의 여러 왕들을 만났다.
고구려 고분들 속에 있는 벽화들과

신라의 예술품들은 지금도 말하고 있다.
경주 천마총에 잠자고 있는 천마도 장니
우리 조상님 작품으로 너무도, 너무도
놀라운 유적 중 하나이다.

태종 무열왕과 원효대사 만남을 보았다.
탐, 진, 우치에 자찬훼타를 가르쳤던
원효는 법의를 벗고
아리따운 요석공주를 만나 설총을 낳고
설총은 우리나라 문자의 시조인 이두를
한자에서 음과 뜻을 우리말에 맞게 만들어
향가를 삼국유사에 써 넣었지
신문왕에게 화왕설화를 이야기해 주었다.

다보탑과 석가탑을 보아라 무영탑도,
시인은 백제의 아사달과 그 아내를 만났다.
절 밖에서 남편의 지성과 신기를 기원하며
남편 이름만을 부르며 기다리다 지쳐
호수 물에 빠져 물귀신이 되어
남편도 탑도 살아서 보지 못하였다.

아사녀와 아사달은 저승에서 만나
영원한 사랑이야기와 신기한 석가탑을
후손들에게 남겨 이야기가 되고 있다.

백제의 여러 유물들과 사상이
왜인들에게 무수히 전해져 있다.
왜인들이 지금도 유적들을 통해
고마워하고 선조들을 정성껏 모시고 있는지?

- 7 -

임진왜란이란 어마어마한 침략을 해온
풍신수길과 왜군들, 섬나라 근성들,
우리에게는 훌륭한 장군님들이 계셨다.
이순신 장군과 권율 장군
시인은 진주의 논개를 만나고
왜병들의 침략과 약탈을 목격했다.

죽은 자는 말이 없다.
그러나 산 자의 입을 통해 말한다.

행주산성에 아녀자들의 행주 치마폭에
돌들을 실어 왜군들 머리 위에
쏟아 부었던 산성대첩을 기억한다.
마치 막강한 로마 군인들과 대치했던
유대인들 식량이 없어서가 아니고
물이 부족해서도 아니고
로마의 노예가 되기 싫어 자결하노라
마싸다의 마지막 장면보다 더 치열하여
관군, 의병, 농군, 승병, 아녀자들
모두 한마음으로 왜병을 물리친
역사의 장대한 장면을 볼 수 있다.
시인은 역사의 영웅호걸들을 부러워하며
오늘도 이승과 저승을 왕래하겠지

죽은 자는 말이 없다.
그러나 역사기록이 증인이 된다.

조그마한 반도 땅을 북으로는
그랄, 거란, 여진, 중국 한족 등이 넘보고
남쪽에서는 왜인들이 넘보고

때마다 우리들에게는 영웅호걸들이 나왔다.
앞으로도 이들에 의해 영원히 이어질 것이다.

- 8 - (Ⅱ)해외여행으로

시인은 또 천재 음악가들과 작곡가들을 만났다.
오지리의 비엔나를 방문하고
모찰트와 베토벤, 하이든, 차이코프스키, 드볼작, 슈망,
슈벨트, 쇼팡, 그리그, 멘델스존, 헨델, 브람스 등등
오페라의 베르디, 푸치니, 성악가로 파바로치, 마리아 칼라스 등
한국의 안익태도 만나고 훌륭한 음악을 듣는 기회도
놓치지 않고 감상하였다.

이태리 프로렌스와 로마를 들러
미켈란젤로, 라파엘, 레오날도 다빈치 등의 조각품과
성화들을 감상하고 그들의 업적을 찬양 칭찬하고
렘브랑의 성화 돌아온 탕자도
러시아 상태 뻬체부르그의 어미테지에서
놀랍게도 감상하였다.

파리에서 여러 화가들을 만났다.
마티스, 모네, 고겡, 반고, 세잔느, 드가, 루쏘,
밀레, 마네, 르느알, 로뎅 등, 인상파,
자연의 아름다움을 화폭에 담아 후세에 전한,
캐나다의 대표 화가 칠인들 등
스페인 바로셀로나에 있는 피카소 화랑을 들러
불휴의 입체화들을 화가와 함께 자화했다.

고전 장편소설로 유명한 여러 문인을 만났다.
"전쟁과 평화"의 톨스토이, 체홉, "죄와 벌"의 토스토엡스키,
헤르만 헤세, 알베르 까뮤, 윌리암 포크너,
"노인과 바다"를 쓴 어네스트 헤밍웨이,
폴 하이제, 앙드레 지이드, 토마스 만, 펄 벅 등등
불후의 명작을 남겨 놓은 작가들
만나서 그들의 사상과 철학을 음미하였다.

- 9 -

시인은 또 여러 나라의 시인들을 만났다.

장시 소넷을 노래한 초서와 섹스피어와
바다를 노래하고 셸리와 동 시대의
계관 시인, 조지 고돈 바이론경
그들은 매독환자로 정신병까지,
불란서의 샤를르 보들레르, 빅토르 위고,
독일의 낭만 시인 하인릭히 하이네,
가을을 노래한 존 키잇스,
헨리 워드스워스 롱펠로우,
인디언 세라나데를 쓴 퍼시 비시 셸리,
눈물을 흘리며 아름다움을 읊었던
알프레드 테니슨경,
야생 풀잎을 노래한 월트 휘트만,
윌리암 워스 워드스,
비잔틴으로 가는 항해를 읊었던 윌리암 버틀러 에잇쓰,
그들은 영원 불멸의 아름다운 시들을 남겼다.

- 10 -

한국의 시인들도 근대로 왜정시대부터
대대로 낭만과 서정을 읊었던 청녹파 시인들

목이 긴 사슴을 노래한 노천명, 김광균, 조지훈,
서정주, 박목월, 박두진, 윤동주, 유치환, 구상,
이상, 백석, 한하운, 김소월, 김현승, 김관식 등등
만나서 막걸리 한잔을 나누었다.
봄이면 참꽃 한아름 따다 그들에게 드리겠다.

화들짝 놀란 시인은 영운 모윤숙 시인을 만났다.
대한민국의 육군 소위 죽음을 보고
젊은이의 애통한 말없는 시체를 보고
그가 남긴 "국군은 죽어서 말한다."
장시를 읽고 나라 사랑, 민족 사랑이 바로 이것임을

"조국이여, 동포여, 내 사랑하는 이여!
나는 그대들의 행복을 위해 간다.
내가 못 이룬 소원 물리치지 못한 원수
나를 위해 내 청춘을 위해 물리쳐다오"

아직도 이승에 살아 있는 친구들이여
육군소위의 젊은 죽음이 헛되지 않게
각성해다오, 후회말고 나라사랑해라
시인은 죽어서도 시를 쓸 것이다.

ㅁ발 문

송세훈 시집《외계인》에 부쳐
__새로운 생명과 꿈꾸는 사람들

신 광 호(시인 · 문예비전 편집주간)

송세훈 씨의 詩를 읽으면 우리가 사는 지구마을 사랑의 마음속이 보이는 것 같아 반갑다. 독자 여러분과 함께 공감하면서 읽고 싶다.

-1-

지구인들은 온 우주가 지구뿐이고
태양계와 은하수로만 되어 있는 줄로 알았었다.
우주의 주인은 지구 인간들이라 생각했었다.

태양과 같은 별이 우주 안에
수백 개가 있음을 알게 되었다.
달도 수만 개가 있음을 보았다.

지구와 같은 행성도 셀 수 없이 많음을 알았다.

저 광활한 우주에서 지구인들을 방문한다
혹성을 타고 올 때도 있고
견우직녀가 만나던 오작교도 건너서
은하수의 뗏목을 타고 올 때도 있단다.

(중 략)

-9-

지구인들이 만들어 놓은 환경오염 때문에
지금 지구는 신음하고 있다.
미래의 우리 후손들을 위해
지구를 살려야 한다.
식량난에, 화석의 에너지 고갈에
식수와 토양의 오염에, 대기 오염에
지구는 지옥이 되어간다.
지구를 살려야 한다.
미래의 주인들을 위해서,
아니면 화성으로나 우주 외계로
이민을 떠나야 하나?

이렇게 시 〈외계인〉을 표제작으로 여러 시편을 모아

그 첫 시집이 이루어져 첫 출발을 한다.

'시인의 말'에서 외국에 살면서 "고국이 잘 살게 되도록 소원하며 어떻게든 역사적 창조의식을 제 노래에 담고자 노력하겠습니다."라고 말한다. 끝없이 끝없는 세계를 향하여 여기 새로운 출발을 한다.

송 시인의 시를 처음 읽어본 것은 2009년 7월 추천작품으로 비롯되었다. 시편에 추억 또는 기억들을 진솔하게 재생하면서 신선한 이미지를 마주 대하여놓은 점, 〈계절과 그리움〉에서 우양 따위가 반추하듯 우리 평생을 음미, 생각하게 하는 따뜻한 인간애가 배어 있으며, 시적 긴장을 느끼게 한다. 〈새싹의 눈물〉에서 어린이가 된듯, 부모를 생각하는 중년이듯 토로한다. 〈생명의 본질〉, 〈세월〉 등은 가치 혼란의 시대에 지고, 지선, 지미의 세계를 향하여 우리 삶을 바람직한 미래로 이끌 수 있는 힘을 모색하는 계기로 의미가 있다.

이 시집의 4부 "평화가 오기를" _〈병정놀음〉과 6부 "죽은 자는 말이 없다" _ 〈어느 시인의 사후〉 등에서는 서사시 형태로 우리나라 전쟁의 역사와 그가 찾아나선 여러 나라 예술가들도 보고, 과거의 역사 또는 천국과 지옥에 이르는 기나긴 여정을 거치며, 죽어서도 시를 짓겠다고 다시금 노래하고 있다.

송 시인의 시편들을 통해서 자기중심적인 면과 산문정신이 짙다고 생각된다. 계속하여 심미적인 가치와 당대

사회의 보편적인 교양을 넘어 나아가 생명현상에 대해, 지구 별의 평안을 위해 섬세한 관심을 기울이심에 찬사를 보내며 대성의 길을 가시기 바란다.

-2019년 4월

송세훈 시집

외계인

1판 1쇄 인쇄 / 2019년 4월 20일
1판 1쇄 발행 / 2019년 4월 25일

지은이 / 송 세 훈
펴낸이 / 김 주 안
펴낸곳 / 도서출판 진실한 사람들
주소 / 서울시 종로구 삼일대로 457 , 713호(경운동, 수운회관)
Tel / 02-730-3046~7
Fax / 02-730-3048
E-mail / munvi22@hanmail.net
등록번호 / 제300-2003-210호
ISBN / 978-89-91905-73-3

값 10,000원